secret puglia

amazing places to stay

CONGEDO PUBLISHING

Contents

Introduction

A secret Puglia, made up of places handpicked individually for their likeminded approach.

An exacting quest for boutique-hotels, farmhouses and period homes with an intimate, hidden dimension that ensures the utmost privacy. A selection of places chosen with a collector's discrimination, with a passion for chanced-upon clues, snatches of information taken from a sophisticated, discerning friend, and the genuine emotion of surprise.

A journey to track down that side of Puglia which is nurtured by those who have sought and achieved excellence, purposefully choosing and offering the very best, and sharing it with their guests. Each following their own particular course of different colours, scents and flavours.

Our aim is to put together a map of precious places. Places to be discovered one by one, along an imagined pathway to be assembled over time, as an occasional treat; a pathway to piece together like so many pieces of a puzzle, discovered first singly and then as a whole. This way lies a deeper understanding of the facets, the atmospheres, the light, the evocations and seductions of a Puglia that is abundant, beautiful, fascinating, proud.

Places to be felt and experienced with the emotions, and made one's own; places that become part of us, and stay with us once the holiday has ended. Places that merit their own special niche in our thoughts, and a return visit at least once a year.

Introduzione

Una Puglia segreta, di luoghi scelti ad uno ad uno con un percorso di affinità.

Una ricerca attenta per boutique-hotel, masserie, dimore storiche dalla dimensione intima, celata, privatissima. Una raccolta portata avanti con il gusto del collezionismo, l'entusiasmo dell'indizio colto per caso, dell'informazione rubata ad un amico sofisticato ed esigente, l'emozione genuina della sorpresa.

Sulle tracce di Puglia custodita da chi ha cercato e sintetizzato eccellenza, con l'obiettivo di scegliere il meglio e di offrirlo e di condividerlo con i propri ospiti. Ognuno secondo uno speciale percorso fatto di colori, profumi e sapori diversi.

Per il desiderio di mettere insieme una mappa di luoghi preziosi. Luoghi da scoprire ad uno ad uno, in un cammino ideale da costruire nel tempo, da regalarsi di tanto in tanto, da incastrare come i tanti pezzi di un puzzle. Per comprendere fino in fondo le sfaccettature, le atmosfere, le luci, le suggestioni e le seduzioni di una Puglia che è tanta, bella, affascinante, alta.

Luoghi da sentire, da attraversare emotivamente, da fare propri, da accogliere dentro di sé e da far permanere oltre il tempo di una vacanza. Luoghi da eleggere a zone del pensiero e da ritrovare almeno una volta l'anno.

Lama di Luna

A centuries-old courtyard farmhouse which sits atop the Murgia plateau; a horseshoe-shaped building which once housed the various families of a small farming community which lived by the rhythms of the seasons and the harvests. Today, it is an enchanting space for relaxation. Vast, spacious, secluded. Here, the densely populated, busy areas of the Salento, the Valle d'Itria and the Gargano seem a world away. Quite simply, this is another Puglia. One of boundless skies, endless wheat fields and scenic views right down to the sea. A place where *distentio animi* rules.

It's somewhere to spend lazy days, swimming in the magnificent panoramic pool, going on long walks in the countryside or dedicating oneself of books, films, good food. Where perhaps one might even be tempted out for a few day trips to the spectacular sights of Castel del Monte, Trani and Monte Sant'Angelo, or to bathe at Peschici or Vieste.

Then one returns to Lama di Luna, to its curved shape, which envelops the hill like an embrace; and to its cherry grove, its scents of earth and wheat, its flaming wood oven, its starry vault.

Lama di Luna è un'antica masseria che si erge intorno ad una corte, adagiata sulla prima collina della Murgia come un balcone sul mare di olivi pugliesi, dove un tempo vivevano, in una piccola comunità, le famiglie di coloni al ritmo del susseguirsi delle stagioni e delle raccolte dei campi, divenuta oggi un ampio ed appartato luogo di relax.

Mentre il Salento, la Valle d'Itria ed il Gargano con le loro densità ed i loro paesaggi definiti sembrano mondi paralleli, questa è semplicemente un'altra Puglia con i suoi cieli altissimi, sterminati campi di spighe ed infiniti panorami oltre il mare: un luogo da "distentio animi".

Una Puglia dove trascorrere giornate "slow", allietati da una piscina affacciata sulla valle, da lunghe passeggiate nella natura, dalla biblioteca che si perde nella storia della famiglia, dal cinema con i suoi film che raccontano la nostra terra e dalla buona tavola pugliese per i soli ospiti.

Non lontano splendide mete per gite fuori porta conducono gli ospiti all'impatto estetico di Castel del Monte, alla suggestione di Trani, al misticismo di Monte Sant'Angelo al piacere di un bagno nel mare di Vieste e Peschici.

Poi il ritorno a "casa" accolti come in un abbraccio dalle colline di Lama di Luna, dal viale di ciliegi, dai profumi della sua terra e del suo forno a legna acceso, protetti dalla sua volta stellata.

Loc. Montegrosso — 70031 Andria (BAT)
+39 0883 569505
www.lamadiluna.com
Open year-round / Apertura: tutto l'anno
X-factor: being a real masseria
Valore aggiunto: essere una vera azienda agricola

Montegrosso

In the big picture, the entrance's boulevard with the masseria on the left and pool on the right.
Nella foto grande, il viale d'entrata che porta alla masseria a sinistra e alla piscina a destra.

Above, a corner of the outdoor dining.
In alto, un angolo del pranzo esterno.

Previous pages, the entrance to the main court of the masseria.
Nelle pagine precedenti, l'ingresso alla grande corte della masseria.

The entrance to one suite of the main court and a bedroom.
L'ingresso ad una delle suite della corte grande ed una camera da letto.

Above and left, the library full of ancient and new illustrated books. A corner of the indoor dining and the new home-theatre. In alto e a sinistra, la biblioteca con libri illustrati antichi e moderni. Un angolo del pranzo interno e la nuova sala-proiezioni.

Left, another bedroom, with the ceiling of the old barn. A sinistra, un'altra camera da letto con il soffitto originale dell'antico pagliaio.

Some corners of the big and amazing garden.
Alcuni angoli del grande ed affascinante giardino.

Previous pages, the infinity-pool on the valley.
Nelle pagine precedenti, la piscina che si affaccia sulla valle.

Maré Resort

An important facade, on the plaza in front of the port and a view all the way to the Cathedral. The Maré Resort, hidden inside the 18th century Palazzo Telesio, is this. Because Trani is this: the rocks and the sea. The port and its buildings. The world surrounding the water and the immobility of its facades. The spectacle of life that unfolds as if in an immense theatre along the great heel, and those who observe it from behind their windows, in grandstands suspended at various heights. And it is that inspired the masterly renovation of this building. Thirteen rooms named after winds, some with a private view of the sea and others looking onto the ancient city. And then the stone, polished or left to live in the same way it surfaced during the restoration. Natural, neutral, delicate colours, so that the furnishings follow the path of the architecture and allow the light to flow. And to tell, in a double register, the story of the various environments, positioned on different wavelengths. Light and dark. Empty and full. Transparent and opaque. The external part of the building, in a dialog with the sea, where the light is invited to enter in abundance. Onto the terraces, covered and uncovered, and into the large bedrooms. And the internal portion of the building, dimly lit, reached by slits of light which pass through long embrasures. Where stone becomes velvet, wraps and surrounds. And welcomes you into that zone between wake and sleep, which is the time for breakfast. Or, as in a plastic metaphor of introspection, wraps you in an intimate shell where time for reading is easily found.

La facciata sulla piazza pedonale affacciata sul porto e una prospettiva lunga fino alla Cattedrale. Il Maré Resort, celato all'interno del settecentesco Palazzo Telesio, è questo. Perché Trani è questa: la pietra e il mare. Il porto e i suoi edifici. Il mondo intorno all'acqua e l'immobilità delle sue facciate. Lo spettacolo della vita che si svolge come in un immenso teatro lungo la grande staffa, e chi la osserva, dal di qua delle finestre, in tribune sospese a più altezze. E questo è quello che ha ispirato il magistrale recupero di questo resort. Tredici camere chiamate con i nomi dei venti, alcune con un proprio privatissimo affaccio sul mare e altre sul borgo antico. E poi la pietra, levigata o a vista, lasciata vivere così come durante il restauro affiorava. Colori naturali, delicati, neutri, per assecondare anche con gli arredi l'andamento delle architetture e permettere alla luce di scivolare. E di raccontare, in un doppio registro, la vita dei vari ambienti, impostata su differenti vibrazioni. Il chiaro e lo scuro. Il vuoto e il pieno. La trasparenza e l'opacità. La parte più esterna dell'edificio, in dialogo con il mare, dove la luce è invitata ad entrare abbondante. Come sulle terrazze coperte e scoperte e nelle grandi camere da letto. E la parte più interna, crepuscolare, raggiunta da lame di luce passanti attraverso lunghe feritoie. Dove la pietra si fa velluto, avvolge, circonda. E accoglie in quella zona tra il sonno e la veglia, che è il momento della colazione. O metafora plastica dell'introspezione, avvolge in un guscio ancora più intimo, dove trova spazio il tempo della lettura.

Piazza Quercia, 8 - 70059 Trani (BAT)
+39 0883 486411
www.mareresort.it
Open year-round / Apertura: tutto l'anno
X-factor: the wagon museum on the ground floor
Valore aggiunto: il museo delle carrozze a piano terra

Above and right, the main entrance, the wagon museum on the ground floor and the stairs to the second floor.
In alto e a destra, l'androne del palazzo, il museo delle carrozze e le scale che portano al secondo piano.

Previous pages, the entrance to the palace.
Nelle pagine precedenti, l'ingresso del palazzo.

Next pages the breakfast room on the left and the relax, reading and drink rooms on the elegant "murattiano" neighborhood of Trani.
Nelle pagine seguenti, la sala colazione a sinistra e la zona relax, lettura e drink affacciate sull'elegante quartiere murattiano di Trani.

Above and right the rooms with the original stones found during the restoration of the ceilings.
Sopra e a destra le camere da letto con la pietra a vista dei soffitti originali trovati durante la ristrutturazione.

Next pages the panorama of Trani's port from the terrace during breakfast-time and the view of the famous Cathedral.
Nelle pagine seguenti, il panorama del porto di Trani che si gode dalla terrazza durante la prima colazione e la vista della famosa Cattedrale.

In the big picture, the outdoor living in the terrace with another view of the sea and the old town.
Nella foto grande, il living esterno sulla terrazza con un altro affaccio sul mare e sulla città antica.

Above, a corner of the bedrooms' area with the original ceiling intensified by the light at dusk.
In alto, il disimpegno all'interno della zona notte il cui soffitto originale è esaltato dalla luce del porto al tramonto.

Palazzo Calò

Blending into its surroundings in Bari's old town, in a tiny, perfectly preserved alley, Palazzo Calò conversely has a remarkably high-tech side to it.
The entrance hall features an impressive vertical garden. This immediately draws the eye up to the belly of the building, as though it were its soul, running from bottom to top, clarifying its stylistic register: a different, courageous approach to restoration. One that strips bare the ancient stone, the secret architectural elements, the textures, time itself. Hence the transparent floors and elevated glass walkways set into rust-coloured iron, allowing the layers of history to show through. And accommodations equipped with every possible comfort, each named with a double numeral: the first refers to its floor, and the second to the number of square metres of each suite. The furnishings place the accent on modern vintage and industrial design.
The project as a whole is rather impressive, featuring bold solutions and striking choices which successfully fuse contemporary solutions with the style of the past.
For an instant, traditional Bari old town melts away, opening up a different interpretation of it. More intimate, more refined, more obscure.
This is the perfect foil to the other side of the city's character, which resurfaces intermittently in the narrow windows or the views from the rooms. Or in the magnificent roof garden with panoramas over the old town, the Cathedral of San Sabino, and the dome of Santa Teresa dei Maschi.

Mimetizzato nel borgo di Bari vecchia, in un vicoletto che ha il sapore di altri tempi e una genuinità intatta, Palazzo Calò ha per converso un'anima high tech.
Nella hall, un bellissimo giardino verticale che porta immediatamente il focus verso il ventre della struttura, come ne fosse l'anima che l'attraversa dal basso in alto, chiarendone il registro stilistico: un recupero coraggioso, diverso. Che mette a crudo la pietra antica, le architetture segrete, le consistenze, il tempo. E allora piani trasparenti e passerelle di cristallo incastonati in ferro del colore della ruggine per leggere i livelli della storia. E camere dotate di ogni confort e nominate con un doppio numero: uno riferito al piano di appartenenza e l'altro ai metri quadri di ogni singola suite. E arredi all'insegna del modernariato e del design.
Un intervento entusiasmante, che fa trattenere il fiato tra soluzioni ardite e scelte sorprendenti e connette straordinariamente la contemporaneità ed il passato. Per un attimo la tradizionale Bari vecchia scompare per lasciare il posto ad un'altra interpretazione di sé. Più intima, più cercata, più crepuscolare. Perfettamente complementare con l'altra, quella che ritorna a intermittenza nei tagli di luce e negli affacci delle camere, o nel magnifico roof garden con vista sulla città vecchia, la Cattedrale di San Sabino e la Cupola di Santa Teresa dei Maschi.

Strada Lamberti, 8 - Bari
+39 080 5275448
www.palazzocalo.com
Open year-round / Apertura: tutto l'anno
X-factor: the amazing location in the old town
Valore aggiunto: la posizione nel borgo vecchio

Bari

PALAZZO
CALÒ

The beautiful modern stairs that goes to the underground floor.
La bellissima scala moderna che conduce al piano inferiore.

Previous pages, the entrance to the palace in the old town
and the vertical garden.
Nelle pagine precedenti, l'ingresso al palazzo nel borgo
antico ed il giardino verticale.

The original stone walls and the ancient underground tank. A hanging glass boardwalk reaches the bathrooms.
Le mura originali e l'antica cisterna del palazzo. Una passerella sospesa, in vetro, raggiunge il bagno.

Above and right, the living room with some furniture from collecting modern art and design.
Sopra e a destra, il soggiorno arredato con mobili ed oggetti di moder-nariato e design.

In the big picture and in the small, the terrace on the old town of Bari.
Nella foto grande e nella piccola, gli affacci dalla terrazza sul borgo antico di Bari.

Previous pages, the modern bedrooms, very hith-tech and confortable.
Nelle pagine precedenti, le camere da letto moderne, dotate di alta tecnologia ed ogni confort.

Don Ferrante

Don Ferrante is located in a building perched above the sea at Monopoli. White, gleaming, austere. As beautiful as a ship at anchor, solid and welcoming, proud to make a show of itself. Entering via the steps leading up from an alley in the old town is an arrival in itself. A thrill.
The whitewashed walls around the infinity pool facing the sea. The maze of walkways, levels and terraces, and corners shaded by reed mats stretched out like sails in the sun. The restaurant "on deck" magnifies the sense of sailing. As do the windows at water level in the indoor dining room on the lowest floor, the views from the rooms on various levels, and the whole space flooded with bluish light and reflections. Last but not least, the highest terrace of all, where muslin-curtained day beds are caressed by the breeze and offer a crow's nest prospect, taking the gaze even further out. At dawn, sunset or by a full moon, they promise breathtaking panoramic vistas. In wintertime, Don Ferrante changes its look. It goes back to being one of the finest period buildings in Monopoli, overlooking the sea and greeting all of its visitors generously. Its colours become denser, richer, more mottled. Water is still the key element. Its presence is felt, and its hues steal into the rooms, contaminating their shades of cream, ivory and vanilla. It offers the spectacle of its foam, its waves, its whims, bringing to mind an abstract painting. It leaves behind it the scent of the sea, and the promise of a new summer.

Don Ferrante è in un palazzo sul mare di Monopoli. Bianco, elegante, austero. Bello come una grande nave in porto, solida, accogliente, fiera di far mostra di sé. Entrarci per la scaletta sulla stradina del centro storico, è già un approdo. Un'emozione.
Il bianco della calce che incornicia l'inifinity-pool verso il mare. Il gioco di passerelle, di piani e terrazze, di angoli ombreggiati da cannicciati tesi come vele al sole. Il ristorante "sul ponte" che moltiplica l'effetto della navigazione.
E ancora, i tagli a livello acqua nella sala da pranzo interna al piano più basso, gli affacci dalle camere a più altezze, gli ambienti bagnati dalla luce azzurrata dei riflessi. Ed infine la terrazza più alta, dove baldacchini agghindati con garze di lino cullate dal vento, fanno da vedetta, aiutando lo sguardo a spingersi sempre più lontano. E nelle albe, nei tramonti, nelle notti di luna piena, sono un trampolino ad un panorama mozzafiato.
D'inverno Don Ferrante cambia volto. Ritorna ad essere uno dei più begli edifici antichi di Monopoli che guarda il mare ed accoglie chi vi arriva. I suoi colori si fanno più densi, più pastosi, più striati. L'acqua è ancora l'elemento chiave. E' lì, irrompe con le sue sfumature nelle stanze, contaminandone i crema, gli avorio, i vaniglia. Offrendo lo spettacolo delle schiume, delle onde, dei riverberi. Come nel capriccio di un quadro astratto. Che rapisce, manda lontano e poi riporta indietro. Lasciando il profumo del mare e la promessa di una nuova estate.

Via S.Vito, 27 - 70043 Monopoli (Bari)
+39 080 742521
www.donferrante.it
Open year-round / Apertura: tutto l'anno
X-factor: the location at the sea
Valore aggiunto: la posizione sul mare

Some corners of the outdoor living.
Alcuni angoli del patio esterno.

Previous pages, the entrance of Don Ferrante in the ancient town.
Nelle pagine precedenti, l'ingresso di Don Ferrante nella città antica.

Next pages, the infinity pool at the sea.
Nelle pagine seguenti, la piscina verso il mare.

Above, the indoor restaurant and the access to the sea.
In alto, il ristorante e l'accesso al mare.

Right, the outdoor restaurant in the terrace at the sea.
A destra, il ristorante all'aperto, sulla terrazza che guarda il mare.

Next pages, one of the suites.
Nelle pagine seguenti, una delle suites.

Some corners of the terrace at the sea: the landscapes, the living, the solarium.
Alcuni angoli della terrazza sul mare: i panorami, la zona conversazione, il solarium.

Masseria Ancella

This cheerful farmhouse in Montalbano di Fasano is run by a young local couple who returned to Puglia after a long period spent travelling the world. They set out to create a special, unique place, based around the theme of wine. Wine is energy, passion, life. The property is dotted with arbours and rows of vines, where vintage "Ape" vans loaded with buckets and pallets for harvest are parked in the garden like monuments, while a set of work tools becomes an art collection. The colours used are those of the grapes themselves; the furnishings, tables, armchairs and reception desk were all made on site using wood from aging casks. The wrought iron wall sconces are shaped like vine shoots, and the cushions are hand-embroidered with scenes from the grape harvest. Meanwhile, the old trays used to select grapes are now trolleys, while the old grape presses are now sculptures and vast barrels are used as tubs for wine-therapy treatments in the garden and in the spa. Every aspect of wine is embraced, from its essence to its properties, its historic significance, its materials, tools and rituals. The grape harvest, wine tastings, themed dinners and spa packages are all part of this ongoing quest for the "veritas" of wine, the purest and most precious features of which become a resource, a lifestyle template, a philosophy to take home.

Una ridente masseria a Montalbano di Fasano, progetto di una giovane coppia fasanese rientrata in Puglia dopo una lunga esperienza in giro per il mondo, con l'idea di creare un luogo unico e speciale. Il vino come tema portante. Il vino che è energia, passione, vita.
Una proprietà ricamata da pergole e filari di vite, dove le vecchie "api" ricolme di secchi e di cassette per la vendemmia sono ferme in giardino come monumenti e la raccolta strumenti di lavoro diventa collezione d'arte. Dove i colori sono quelli delle uve e gli arredi, i tavoli, le poltrone, il bancone della hall, sono stati ottenuti in loco dal legno di barrique, i ferri battuti delle appliques sono tralci d'uva, i cuscini sono ricamati a mano con scene di raccolta, i vecchi vassoi dove si sceglieva l'uva sono carrelli, i torchi antichi son sculture e botti enormi fanno da vasche per la vinoterapia in giardino e nella spa. Vino declinato in tutti i suoi aspetti, nella sua essenza, nelle sue proprietà, nelle sue valenze storiche, nei suoi materiali, nei suoi attrezzi e nelle sue ritualità. La vendemmia, le degustazioni, le cene a tema, i percorsi di benessere. Alla continua ricerca della "veritas" del vino, i cui tratti più puri e preziosi si fanno risorsa, paradigma di uno stile di vita, filosofia da portare via con sè.

Via Liuzzi 1 — Montalbano di Fasano (Br)
+39 333 2154372; +39 080 2461529
www.masseriancella.com
Open year-round / Apertura: tutto l'anno
X-factor: the wine-therapy's spa
Valore aggiunto: la spa con vinoterapia

Montalbano

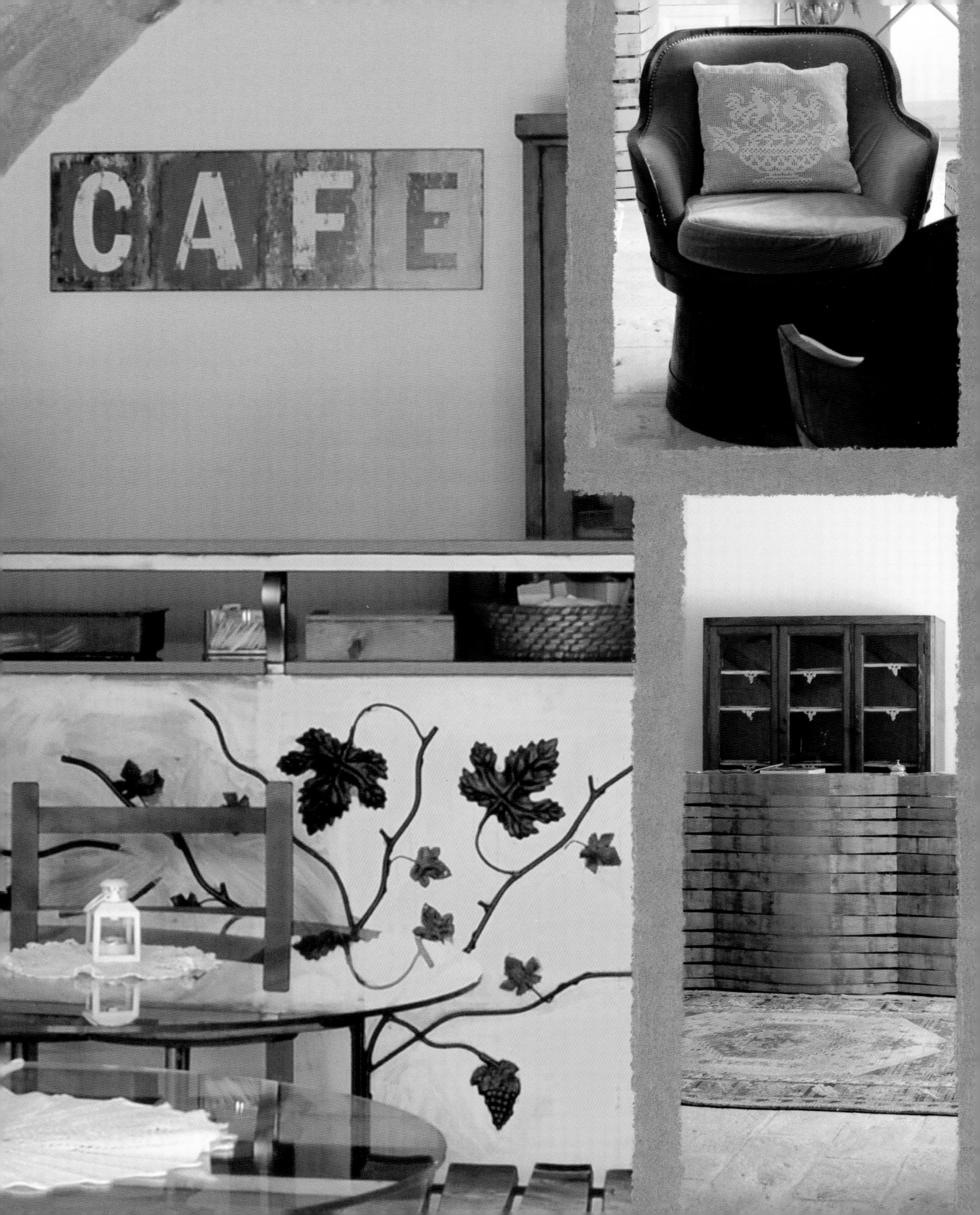
CAFE

The tasting hall with the big table made by barrique's old wood.
La sala degustazione con il grande tavolo fatto di legno di barrique.

Left a corner of the bar with the copper foil's decoration of vineyard and other furniture made by barrique's old wood.
A sinistra un angolo del bar con la decorazione in lamina di bronzo della vigna e altri mobili fatti in vecchio legno di barrique.

Previous pages, the entrance to the masseria and some corners of the garden with the vineyard.
Nelle pagine precedenti, l'entrata della masseria ed alcuni angoli del giardino con la vigna.

The suites and some details.
Le suites ed alcuni dettagli.

In the big picture the beautiful swimming-pool.
Nella foto grande la bella piscina.

Above and left, the ancient "tino" and the underground room of the spa, both for the winetherapy.
In alto e a sinistra, l'antico "tino" e la sala sotterranea della spa, entrambi per la vinoterapia.

The stairs to the terrace.
Le scale che portano in terrazza.

Left, the bedrooms in the trullos.
A sinistra, le camere da letto nei trulli.

Anticalama

Its sign is only just visible from the roadside, in Torre Spaccata, near Fasano. Then, an iron gate, hidden by lush climbing plants, opens onto an ancient, sunken citrus grove.
Crossing this threshold means entering another dimension.
Antica Lama is a secret garden; a paradise lost; a *coup-de-foudre*.
On the left, the old tower of the fortified farmhouse, still home to the owners today; on the right, the underground oil mill, which can be glimpsed already from the entrance hall, and is later revealed by the vast millstone and presses which now act as a modern installation, where the rites of home-cooked food that reflects the purest local tradition are played out.
Beyond the oil mill, a gazebo overlooks the vast "*lama*", a shallow area of fertile land, on which stands a heartbreakingly beautiful millennia-old olive grove.
Meanwhile, over by the herb garden is the wing set aside for a handful of bedrooms, housed in converted cowsheds and barns. Spacious, comfortable and authentic, the rooms have been reverently kept intact thanks to the talented work of designer Leo Ancona, and are softened only by the *cocciopesto* plaster walls, the fragrance of woven grasses, and the views over the orchards.

Un'insegna appena visibile dalla strada, a contrada Torre Spaccata, vicino Fasano, e una porticina in ferro, nascosta da un rampicante rigoglioso, che si apre su un agrumeto antico e sottoposto.
Varcarne la soglia è entrare in un'altra dimensione.
Anticalama è un giardino segreto, un paradiso perduto, una folgorazione.
A sinistra la vecchia torre della masseria fortificata, ancora oggi residenza dei proprietari, a destra il frantoio ipogeo, annunciato da sapienti affondi prospettici nella hall della struttura e poi rivelato dalla grande macina e dai torchi diventati moderna istallazione, teatro del rito di pasti fatti in casa secondo la tradizione pugliese più pura.
Oltre il frantoio un pergolato affaccia verso l'immensa lama, alloggio di un uliveto millenario di una bellezza commuovente.
Mentre vicino al giardino delle aromatiche, si allunga la stecca delle poche camere da letto, ricavate nelle vecchie mangiatoie e nei magazzini. Di grande respiro, accoglienti, autentiche, sacralmente conservate intatte dal magistrale intervento di Leo Ancona e ammorbidite solo dal cocciopesto dei rivestimenti, dai profumi delle erbe intrecciate, dagli affacci sugli orti conclusi.

Contrada Torre Spaccata, 27 — 72010 Pezze di Greco - Fasano (Brindisi)
+39 388 7538717
www.anticalama.it
Open year-round / Apertura: tutto l'anno
X-factor: the restaurant specialized in superior quality pasta
Valore aggiunto: il ristorante specializzato nella pasta di pregio

Torre Spaccata

Above, the bar. Right, the ancient underground olive oil press and other relaxing corners.
In alto, il bar. A destra, l'antico frantoio ipogeo ed altri scorci della struttura.

Previous pages the secret garden at the masseria's entrance.
Nelle pagine precedenti, il giardino segreto che fa da ingresso alla masseria.

The outdoor dining under the pergola.
Il pranzo esterno sotto la pergola.

Left, the caper bush, the entrance into the kitchen, another view of the garden.
A sinistra, la pianta di cappero, l'ingresso in cucina, un altro scorcio del giardino.

Next pages, the thousand year old olive tree grove.
Nelle pagine seguenti, il millenario uliveto.

One of the suites in the ancient sheds.
Una delle suite ricavate nelle vecchie stalle.

Right, the aromatic herbs garden.
A destra, il giardino delle erbe aromatiche.

Masseria Cimino

A small, two-storey farmhouse with a turret, surrounded by orchards and olive groves, stands between the archaeological site of the ancient city of Egnazia, San Domenico Golf club, and the sea. It was masterfully renovated by the talented Pino Brescia, commissioned by the high-profile owners (who are the people behind luxury resorts Borgo Egnazia, San Domenico, San Domenico a Mare and San Domenico House).
Cimino is the classic example of Salento Style. This was the first place to restore dignity to every trace of its farming past, because it had soul. The repetition of modules gave rise to a new design, which then became an installation. Where strings of tomatoes hang from the vaulted ceilings, and prickly pear blades are hung on the wall, becoming decorative elements. Objects displayed in a series of frames turn into a contemporary gallery. Dazzling whitewash has been used for beds, seats, benches. Stone niches have revealed the beauty of a tiny window, and the sheep enclosure now houses a drinking trough-style swimming pool. Mortar-shaped wash basins designed by Marco Ippolito sit atop simple, roughly painted concrete units. While rust, copper green and bluish grey are used to surprising effect.
Cimino truly set the standard, a pioneering example that is oft imitated, never outdone. It is the epitome of the utterly Apulian talent for decorating simple surroundings with style. A lyrical, poetic balance of elegance, simplicity and aesthetics.

Una piccola masseria a torre su due piani, circondata da orti e uliveti, tra gli scavi dell'antica città di Egnazia, il San Domenico Golf ed il mare. Ed un recupero magistrale, realizzato dal talento di Pino Brescia e voluto da una committenza illuminata (la proprietà è la stessa di Borgo Egnazia, San Domenico, San Domenico a Mare e San Domenico House).
Cimino è per antonomasia il Salento Style. Il luogo dove per la prima volta è stata ridata dignità ad ogn pezzo contadino, perché aveva un'anima, e nella ripetizione dei moduli è stata cercato un nuovo disegno che diventasse istallazione. Dove i pomodori di penda appesi ai soffitti voltati e le pale di fico d'india inchiodate a parete sono diventate oggetti di design. E la serialità degli oggetti proposti in quadri, una galleria contemporanea. E il bianco della calce ha modellato letti, sedute, banconi. I cuccetti di pietra hanno rivelato la bellezza di un punto-luce e lo jazzo è diventato piscina-abbeveratoio. Ed i lavandini-mortaio di Marco Ippolito sono stati appoggiati su semplici piani di cemento, pastellati in maniera imperfetta. E ancora, la rivelazione della ruggine, del verde-rame, del grigio carta da zucchero.
Cimino è davvero un caso di scuola, un esempio più volte imitato e mai superato. Il paradigma della grazia tutta pugliese di apparecchiare il poco con garbo. Un equilibrio di eleganza, semplicità, estetica. Una lirica, una poesia.

Contrada Masciola - 72010 Savelletri di Fasano (Brindisi)
+39 080 4827886
www.masseriacimino.com
Open year-round / Apertura: tutto l'anno
X-factor: the location on the green
Valore aggiunto: la posizione sul campo da golf

Savelletri di Fasano

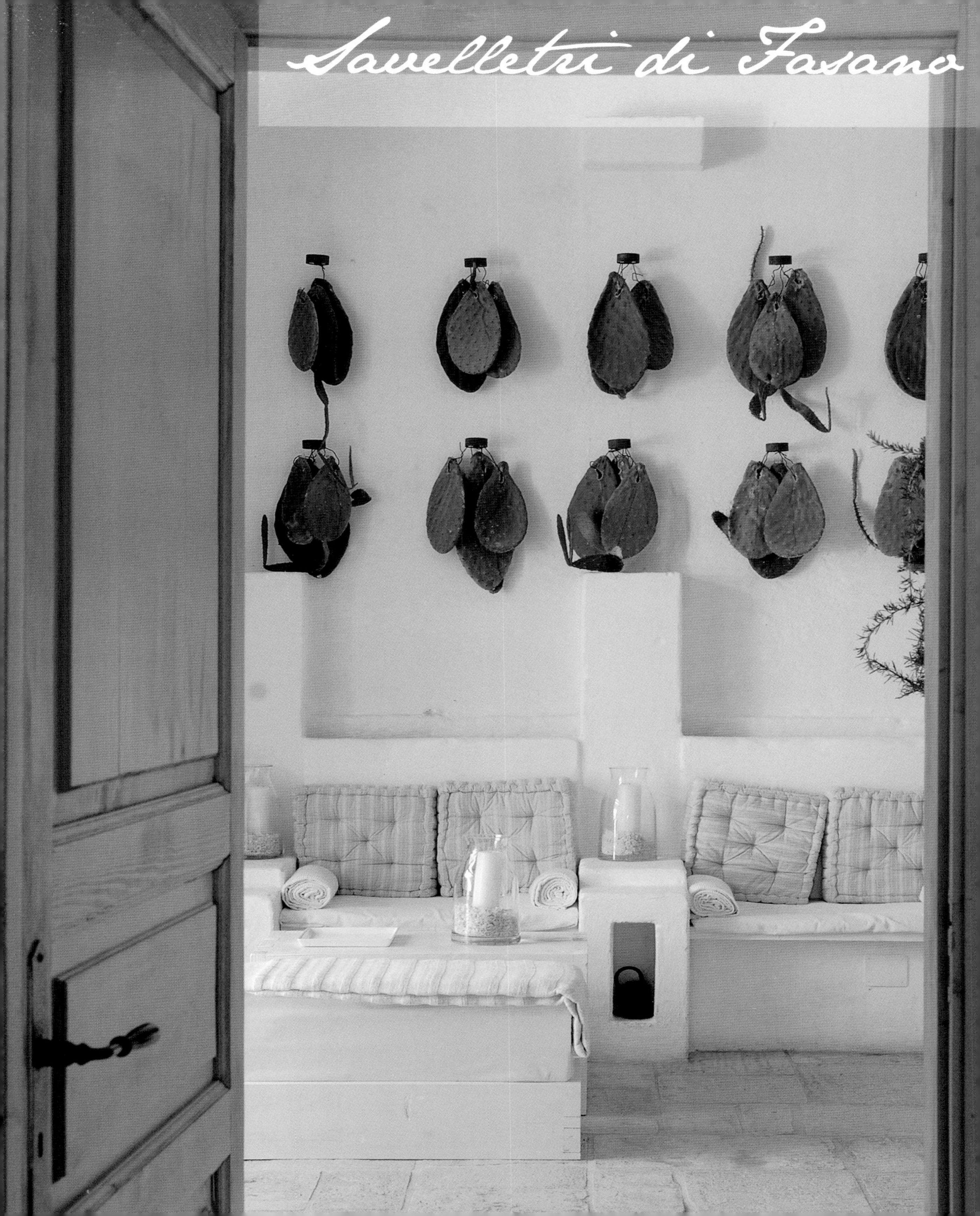

Above and left, some corners of the living and of the bar of Cimino.
In alto e a sinistra, alcuni angoli del soggiorno e del bar di Cimino.

Previous pages, the reception with the hung prickly pear's "pale" and the entrance to the bedrooms.
Nelle pagine precedenti, la reception con le "pale" di fico d'india appese e l'ingresso delle camere da letto.

Above and right, the bathroom
and the fireplace. Down, a
detail.
In alto e a destra, il bagno
ed il camino. Sotto, un dettaglio.

Right, one of the amazing
bedrooms.
A destra, una delle affasci-
nanti camere da letto.

In the big picture, the outdoor lounge closed to the pool.
Nella foto grande, il lounge esterno accanto alla piscina.

Above, one wondeful tree of the olive tree grove.
In alto, uno degli ulivi millenari della proprietà.

Next pages, left, the pool, right the view to the sea from the terrace, one of the windows, one entrance to the bedroom with the pergola.
Nelle pagine seguenti, a sinistra, la piscina, a destra il panorama del mare dalla terrazza, una delle finestre e l'ingresso con la pergola, di una delle camere da letto.

San Domenico a mare

Part of the well-known Masseria San Domenico, run by the Melpignano family, "San Domenico a mare" is its seaside outpost. It is a picturesque spot on the rocky shore of Puglia and has a symbiotic relationship with the sea, with its seasonal cycles, its scents and flavours, its moods and spells.
Here, bathed in light and emotions, water is the guiding element: it becomes a horizon, a dimension, a self-contained world where visitors can find relaxation, comfort and energy.
The hotel is decorated in sandy colours for its furnishings and upholstery, blending in with the building itself and allowing the blues of the sea to enter once again, reflecting its various shades and lapping gently in a calm, relaxing atmosphere. Needless to say, every detail here is impeccable, as is the service.
At San Domenico a mare one wakes up with the "sea in one's room"; breakfast is served at the water's edge, and the delicious sensation of salt on the skin lasts all day until *aperitivo* at sunset. In the evening, "La nassa" serves freshly caught fish beneath a pergola decorated with fishing nets (the *nasse* which give the restaurant its name), providing the perfect vantage point for admiring the high, cobalt night sky, which blends in to the water.

Dépendance della famosa Masseria San Domenico della famiglia Melpignano, "San Domenico a mare" ne è l'avamposto sull'acqua.
Un luogo suggestivo, sugli scogli in Puglia, in continuità con il mare, con i suoi cicli stagionali, i suoi profumi e suoi sapori, i suoi capricci e i suoi incanti.
Un bagno di luce e di emozione, dove l'acqua si fa elemento guida, diventa un orizzonte, una dimensione, un mondo che basta a se stesso, dove cercare relax, confort, energia.
All'interno della struttura, i colori delle sabbie negli arredi e nelle tappezzerie, in una mimesi con la struttura che permette agli azzurri del mare ancora una volta di entrare dentro, di riflettere le proprie sfumature, di stemperare i propri guizzi in un'atmosfera rilassante e serena, curata in ogni dettaglio e supportata da un servizio impeccabile.
A san Domenico a mare, ci si sveglia "con il mare in camera", si fa colazione sull'acqua, ci si gode il sale sulla pelle fino all'aperitivo del tramonto. "La nassa", di sera, mette in tavola il pesce appena pescato sotto un pergolato dove le nasse, appunto, diventano istallazione e che si fa tribuna per lo spettacolo di un cielo altissimo e cobalto, che si fa tutt'uno con l'acqua.

Strada Provinciale, 90 - 72010 Savelletri di Fasano (Brindisi)
+39 080 4827769
www.masseriasandomenico.com
Open from May to October / Apertura: da maggio a ottobre
X-factor: the location at the sea
Valore aggiunto: la posizione sull'acqua

Details and some outdoor corners.
Dettagli ed alcuni angoli dell'esterno.

Left, the bar at the sea.
A sinistra, il bar sul mare.

Previous pages, the entrance to the hotel with the sea on the background.
Nelle pagine precedenti, l'ingresso con il mare sullo sfondo.

Next pages, the restaurant "La nassa".
Nelle pagine seguenti, il ristorante "La nassa".

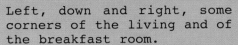

Left, down and right, some corners of the living and of the breakfast room.
A sinistra, in basso e a destra, alcuni angoli del soggiorno e della sala colazione.

Next pages, the bedrooms at the sea.
Nella pagine seguenti, le camere da letto affacciate sul mare.

Above and right, the solarium at the sea.
In alto e a destra, il solarium vicino al mare.

Masseria Fumarola

A large *"masseria"*, or farmstead, in the Valle d'Itria with its own row of *trulli*, this family property was renovated by a father-daughter team. A hillside that offers shelter from the summer heat; the swimming pool surrounded by drystone walls in the old pig enclosure; aromatic herbs in the garden; a lush vineyard, and a sweeping panorama that takes in the woods and the valley. Not to mention breakfast with seasonal preserves and freshly baked bread, tasty dinners under the stars and the option of going on long walks along paths of varying difficulty.
Fumarola embodies the side of Puglia that is beautiful, lofty, serene and self-assured. The classic definition of Puglia found in the collective imagination, perhaps. That of holidaying, languid days spent resting, authentic flavours, and the landscape which relaxes, recharges, regenerates. In this magical place, one feels at home while at the same time being treated like a welcome guest. Here, habits form immediately and instinctively one finds one's own space. Along with the temptation to think that perhaps it is worth coming back year after year to this special corner of the world. Because, like an old friend, after a while you miss it, and feel an urge to return to its authenticity, affection and energy.

Una grande masseria con i trulletti in fila in Valle d'Itria, una proprietà di famiglia recuperata con un lavoro a quattro mani di padre e figlia. Una collina che concede tregua alla calura estiva, la piscina profilata dai muretti a secco nella vecchia porcilaia, le erbe aromatiche in giardino, un vigneto rigoglioso e un panorama lungo fino al bosco e fino alla valle. Ed ancora una colazione con marmellate di stagione e pane appena sfornato, saporite cene sotto la luce delle stelle e la possibilità di lunghe passeggiate per sentieri più o meno impervi.
Fumarola è la sintesi di una Puglia bella, alta, serena e fiera di sé. La Puglia per antonomasia, forse, quella dell'immaginario collettivo. Della villeggiatura, dei giorni di riposo e di ozio, dei sapori autentici, della campagna che distende, ricarica, rigenera.
Un luogo magico, che ci fa sentire a casa e contemporaneamente graditi ospiti. Dove subito si crea una ritualità e istintivamente si trova il proprio spazio. Insieme alla tentazione di pensare che forse in quest'angolo speciale di mondo val la pena di ritornare ogni anno. Perché, come di un amico caro, dopo un po', ne si sente la mancanza e si ha voglia di ritrovarne la genuinità, l'affetto, l'energia.

SP 66 per Villa Castelli Km 3,8 — 74015 Martina Franca (Taranto)
+39 080 4303722
www.masseriafumarola.it
Open from May to October / Apertura: da maggio a ottobre
X-factor: the rooms into the trullos
Valore aggiunto: le camere nei trulli

Above and right, the living room for the guests with the fireplace.
Sopra ed a destra, il soggiorno per gli ospiti con il camino.

Left, the reception with the grey, ancient, store.
A sinistra, la reception con l'armadione grigio antico.

Previous pages, the entrance to the masseria and the big parade of trullis.
Nelle pagine precedenti, l'ingresso della masseria e la parata di trulli.

Above and right, the dining
room and the bar corner.
In alto e a destra, la sala da pranzo e l'angolo
bar.

Right, an outdoor patio.
A destra, un patio ester-
no.

Above, right and left,
a suite in the ancient
place where grape was
pressed by feet.
In alto, a destra e a
sinistra, una suite
ricavata nel luogo do-
ve anticamente veniva
schiacciata l'uva con
i piedi.

Above, the two little trulli, the ancient pigsty, that now are the pool-bar.
Sopra, i due piccoli trulli che un tempo erano la vecchia porcilaia ed ora ospitano il bar della piscina.

Left, the swimming-pool.
A sinistra, la piscina.

Masseria Camarda

An elegant farmhouse in the countryside near Ceglie Messapica, secluded among cattle-tracks and *trulli*. This side of Puglia inhabits a different zone in time and memory, offering a return to nature, to the soul, to fresh air.

This was the place chosen by internationally renowned sports manager Cesare Fiorio, for himself and for his guests.

Olive trees as far as the eye can see, and prickly pears stubbornly clinging to the drystone walls; the organic vegetable garden and fruit orchard; the stone oven for baking pizza and bread, and seasonal fruit jams; free-range chickens, and oil and wine made by the master of the house.

But it doesn't end there: charming accommodations in the main house, blissfully comfortable suites housed in *trulli* and former stables, fragrant private gardens; a swimming pool set in the vineyard, and the Ferrari room, with memories of years of successes.

Two parallel dimensions which coexist symbiotically, in the joy of sharing the truly important things in life. The guiding principle is that striving for excellence is the key to everything, always.

Those who arrive here make a journey within a journey, through a particular story and the emotions it offers. For a few days, they take on a different perspective, attitude, and energy.

Una bellissima masseria nella campagna cegliese, persa tra i tratturi e i trulli, in una Puglia che è un'altra zona del tempo e della memoria, terra di ritorno alla natura, all'anima, al respiro.

E' il luogo che Cesare Fiorio, manager sportivo di fama internazionale, ha deciso di scegliere per sé e per i propri ospiti.

Ulivi a perdita d'occhio e fichi d'india caparbiamente abbarbicati sui muretti a secco, l'orto biologico e il frutteto, il forno in pietra per pizza e pane e le marmellate con la frutta di stagione, le galline ruspanti e l'olio ed il vino "firmati" dal padrone di casa.

E ancora una dimora di charme padronale, comodissime suites ricavate nei trulletti e nelle pajare, gli odorosi orti privati, la piscina tra i filari di vite, la sala Ferrari con i ricordi di tanti successi.

Due dimensioni parallele che convivono in un'alchimia, nella gioia di condividere in una sintesi perfetta le cose vere e importanti della vita. Secondo il principio che l'aspirazione all'eccellenza è la guida di tutto. Sempre.

E chi arriva qui fa un viaggio nel viaggio. Attraverso una storia e le sue emozioni. Sceglie per qualche giorno, un punto di vista sul mondo, un pensiero, un'energia.

Via Turco Camarda, 31 - 72013 Ceglie Messapica (Brindisi)
+39 0831 1778004
www.masseriacamarda.it
Open year-round / Apertura: tutto l'anno
X-factor: the bio products from the masseria
Valore aggiunto: i prodotti bio della masseria

Ceglie Messapica

The living of the mansion and the stairs to the first floor.
Left, the dining room.
Il soggiorno della masseria e le scale che portano al primo piano.
A sinistra, la sala da pranzo.

Previous pages, the entrance to the masseria.
Nelle pagine precedenti, l'entrata della masseria.

Next pages, the three cones of the suites in the trulli.
Nelle pagine seguenti, i tre coni delle suites nei trulli.

In the big picture, the pool with the vineyard and a little outdoor patio
Nella foto grande, la piscina circondata dalla vigna ed un piccolo patio esterno.

Previous pages, a bedroom and a bathroom in a trullo-suite.
Nella pagine precedenti, una camera da letto con il relativo bagno, in una suite nei trulli.

Next pages, left, the entrance to a secret court of a trullo-suite, right, some corners of the garden.
Nelle pagine seguenti, a sinistra, l'accesso ad una corte segreta di un trullo, a destra, alcuni angoli del giardino.

Masseria Nuova

A millennia-old olive grove to the rear, and a valley rolling down to the sea at the front. On approaching this majestic farmhouse in the tidy Ostuni countryside, one is greeted by a courtyard embellished with pergolas, bordered by drystone walls, whitewashed and covered with rare, sloping stone-tiled roofs called "a cummerse".
The Masseria was named "Nuova" (new) because chronologically it is the latest addition to the San Domenico Group. This means it is automatically part of the elite circle of first-class Apulian hospitality, yet it has its own specific identity, teased out by the creative virtuosity of Pino Brescia. The renovation work was as unobtrusive as possible, in keeping with the location's simplicity and almost monk-like purity. The focal elements are the architectural forms, the marks of time, the mangers preserved intact, the many hearths, the vaulted stone ceilings and the large mill wheel in the restaurant. The communal areas of old have been respectfully reserved, to become the central point of a network of cross-references: rooms beyond rooms, which seem to align gardens with other gardens, creating an effect of long sequences and impressive perspectives. A restful, welcoming, harmonious place, it conveys the modernity of simplicity, and its own touchingly pure kind of beauty.

Un uliveto millenario alle spalle e la valle fino al mare davanti. Una masseria maestosa nell'ordinata campagna di Ostuni, annunciata da una corte ornata di pergolati, orlata da muretti a secco, imbiancata di calce, coperta "a cummerse", rari tetti spioventi a chiancarelle.
"Nuova" perché, in ordine di tempo, è l'ultima delle strutture portate avanti dal Gruppo San Domenico e quindi collegata al circolo virtuoso dell'ospitalità pugliese d'eccellenza per antonomasia, ma con una sua identità precisa, sottolineata dal genio creativo di Pino Brescia.
Un intervento delicato, fatto in punta di piedi, nel rispetto di una semplicità, di una purezza quasi
francescana. Protagoniste le forme architettoniche, i segni del tempo, le mangiatoie conservate e intatte, i tanti focarili a stanza, le volte in pietra, la grande ruota del frantoio nel ristorante. Punti di convergenza antichi, sacralmente conservati e diventati incrocio di una rete di rimandi. Stanze oltre le stanze, che sembrano mettere in asse giardini con altri giardini, in un gioco di lunghi affondi e cannocchiali prospettici.
Un luogo riposante, accogliente, armonioso. Che racconta la modernità dell'essenziale e commuove con la purezza estetica del bello.

C.da Spennati — 72017 Ostuni (Brindisi)
+39 080 4827886
www.ostunimasserianuova.com
Open year-round / Apertura: tutto l'anno
X-factor: the location in the middle of the olive tree grove
Valore aggiunto: la posizione nell'uliveto millenario

The big fireplace in the reception. Left, the living room with the ancient mangers.
Il grande camino "a stanza" nella reception. A sinistra, il soggiorno con le antiche mangiatoie.

Previous pages, the entrance to the masseria.
Nelle pagine precedenti, l'entrata della masseria.

Next pages, the dining room with the ancient, original, olive oil press.
Nella pagine seguenti, il ristorante con l'antica ruota originale del frantoio.

The simple and big bedroom and some details of the bathroom.
La semplice e ampia camera da letto e alcuni dettagli della sala da bagno.

Next pages, some secret gardens, the olive tree grove, the masseria with its roofs "a cummerse".
Nelle pagine seguenti, alcuni giardini segreti, l'uliveto, la masseria con i suoi tetti "a cummerse".

Mantatelurè

Just steps from the Baroque pomposity of Santa Croce, in one of the prettiest lanes in Lecce's old town, it is a place that stands still, far from the noise and activity of the city. Mantatelurè is housed in a captivating 16th century courtyard residence which reveals itself little by little. The coy invitation entices one up a staircase of antique cement tiles displayed tapestry-like - this gives a clue to the almost obsessive attention to detail at work here. The light-flooded lobby boasts a hammerbeam roof, a bar area and *"lu furnutelurè"*, where fragrant biscuits and cakes are baked daily. The bedrooms are so relaxing and comfortable that they seem almost enveloped in the coolness of linen and have a gauzy softness. Each room is different to the next, but they share the same style in their muted tones, salvaged materials, sophisticated industrial design pieces and artistic craftsmanship. Then comes the true surprise: a citrus garden right in the middle of the building. Large, lush, scented with orange blossom and jasmine, guests can enjoy reading and lounging in the sun or shade. And even in the water — in one corner of the garden is a large Jacuzzi for guests to use. Further up still is a terrace overlooking the old town, while on the lower floor is the wine cellar and a barrel-vaulted relaxation room which makes a concession to frivolity: electric light decorations traditionally used for local feast days. This is truly a special place. It is the result of painstaking research carried out by a couple who have made Lecce their home after falling in love with the area and becoming intrigued by a project which suddenly becomes clear: this is not a showy side of Lecce, but a soul's place.

A pochi passi dalla fastosità barocca di Santa Croce, in uno dei più bei vicoli del centro storico di Lecce, fermo in una dimensione lontana dai rumori e dai ritmi della città. Mantatelurè è in un cinquecentesco palazzo a corte dalla bellezza seducente, che si svela a poco a poco. Un invito gentile, che passa per una gradinata di cementine antiche parate come in un arazzo e già indizio della puntuale attenzione al dettaglio. Una hall dal soffitto a capriate che è un bagno di luce, una zona bar, "lu furnutelurè", da cui provengono gli aromi di biscotti e torte appena sfornati. E ancora camere così rilassanti e accoglienti da apparire quasi rivestite della freschezza del lino e della morbidezza dei veli. Volute, l'una diversa dall'altra, ma con la stessa cifra nella scelta di tinte morbide, di materiali di recupero, di raffinati oggetti di design e di artigianato artistico. E poi, l'agrumeto, a sorpresa, nel centro esatto della struttura. Grande, fitto, profumato di fiori d'arancio e di gelsomino, dove poter godere della lettura, degli ozi, del sole, dell'ombra. Persino dell'acqua, in un angolo del giardino dove è posizionata una grande vasca per gli ospiti. Più in alto ancora, la terrazza che guarda la città antica, mentre al piano più basso l'enoteca e una sala relax voltata a botte, dove è concesso un piccolo vezzo, le luminarie. Un posto speciale, voluto con uno scrupoloso lavoro di ricerca da una coppia di leccesi d'adozione, innamorati del territorio, intrigati da un progetto che tutto ad un tratto si rivela: questa non è una Lecce esibita, ma un luogo dell'anima.

Via dei Prioli Vittorio, 42 — 73100 Lecce
+39 0832 242888
www.mantatelure.it
Open year-round / Apertura: tutto l'anno
X-factor: homedmade cookies and cakes for breakfast
Valore aggiunto: la colazione con biscotti e torte fatte in casa

Some corners of the garden.
Alcuni angoli del giardino.

Left, the reception of the palace
with the roof truss.
A sinistra, la reception del palazzo con il soffitto a capriate.

Previous pages, the entrance to
the ancient palace with the emblem
on the top of the arch.
Nelle pagine precedenti, l'entrata al palazzo antico con lo stem-
ma nobiliare sull'arco.

Next pages, the secret citrus grove in the heart of the building.
Nelle pagine seguenti, l'agrumeto segreto nel cuore dell'edificio.

Two suites.
Every room has a
different color,
design and mood.
Due suite.
Ogni camera ha colo-
ri, design e atmo-
sfera propri.

The meeting room with the big "botte" vault.
La sala-riunioni con la grande volta a botte.

Right, the bar and one breakfast-table.
A destra, il bar e un tavolino della colazione.

Above, the ancient center of Lecce, and the beautiful decorated stone of the window. Left, a corner of the garden.

In alto, il centro antico di Lecce ed una bella finestra decorata con la pietra leccese. A sinistra, un angolo del giardino.

Left, the Jacuzzi in the citrus grove.
A sinistra, la Jacuzzi nell'agrumeto.

Relais Il Mignano

An arrestingly beautiful Baroque portal in a lane in the old town of Nardò grabs the attention of passers-by. The gaze is then drawn upwards to the true star of this place, the *mignano*, or traditional balcony. It was here that the Baronessa Massa, the lady of the house, would sit with her ladies-in-waiting to watch processions, hidden away from prying eyes by precious drapes in the damasks and brocades which were the precious symbol of this wealthy family.

This place has its own enigmatic, intriguing, secret history. It is bound up with the castle in more ways than one: from hidden passageways repeatedly opened and closed up over the years, to panoramic views from its flower-filled terraces, and a similar display of wealth and power.

A young couple of entrepreneurs based in Nardò and Paris were bewitched by the charm of its ancient stone, seduced by its sumptuous styling, and guided by the idea of creating a unique, extraordinary place. Together they carried out a painstaking, passionate, heartfelt renovation project.

Over a short space of time, they managed to create one of the most international destinations in Salento.

Un portale barocco di una bellezza prepotente, in una stradina del centro storico di Nardò, che subito si impone all'attenzione di chi passa. Per catturarla e passarla più in alto, al vero protagonista di questo luogo, il mignano, l'antico balcone. Da qui la Baronessa Massa, Signora del palazzo assisteva insieme alle donne della corte alle processioni, al riparo da sguardi indiscreti, una volta che erano stati appesi i drappi preziosi di damasco e di broccato, prestigioso simbolo della facoltosa famiglia.

Un luogo con una storia misteriosa, intrigante, segreta. Legata in più modi al castello: da passaggi nascosti nel tempo ripetutamente aperti e richiusi, da affacci panoramici attraverso terrazze fiorite, da una comune vocazione di rappresentanza.

Un restauro accorato, appassionato, attento, portato avanti da una giovane coppia di imprenditori divisi tra Nardò e Parigi, rapiti dall'incanto della pietra antica, sedotti dalle sontuose architetture, guidati dall'idea di creare un posto unico e straordinario.

Capaci di creare, in pochissimo tempo, uno dei luoghi più internazionali del Salento.

Via Lata, 29 — 73048 Nardò (Lecce)
+39 0833 572506
www.hmdomus.com
Open year-round / Apertura: tutto l'anno
X-factor: the wonderful restaurant
Valore aggiunto: lo straordinario ristorante

Nardò

The reception, the conservatory for breakfast and, on the right, the restaurant of the ancient palace.
La reception, il giardino d'inverno per la colazione e, a destra, il ristorante del palazzo.

Previous pages, the ancient mignano, the balcony from where the aristocratic women, hidden away from prying eyes, could watch the processions in the street.
Nelle pagine precedenti, l'antico mignano, il balcone da cui le aristocratiche osservavano, nascoste, la processione in strada.

Some details of the small court of the entrance and again the mignano.
Alcuni dettagli della piccola corte d'ingresso ed ancora il mignano.

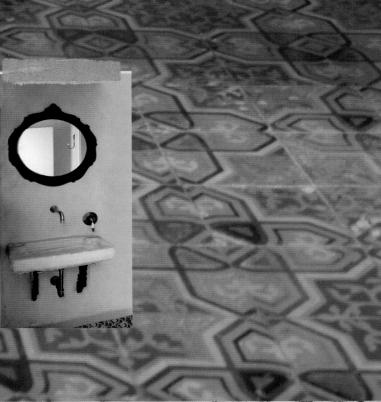

The living of the first floor and the bedroom of the aristocratic owner of the palace.
Il soggiorno del primo piano e la camera da letto un tempo apparte-
nuta all'aristocratico proprietario del palazzo.

The restaurant on the terrace and other views of the palace.
Il ristorante sulla terrazza ed altre vedute del palazzo.

Left, another corner of the Mignano and the ancient town.
A sinistra, un angolo del Mignano e il centro storico.

Previous pages, the panorama of the castle from the terrace and the Jacuzzi.
Nelle pagine precedenti, il panorama del castello dalla terrazza e la Jacuzzi.

Naturalis Bio Resort

This splendid farmhouse complex in the countryside near Martano is the brainchild of Marinella and Domenico Scordari, life and business partners who for twenty-five years have been manufacturing natural beauty products made using biological crops of aromatic herbs, aloe and olive oil. This place crowns and completes their pathway of research and of harmony with an authentic side of nature, which offers bountiful gifts that command respect and appreciation. It has also allowed them to begin sharing a very special journey with their guests: in the space of a short stay, it offers the chance to return to the five senses, to one's inner essence, one's very self. Hence the agave bushes, rows of aloe plants, potted cacti, trailing rosemary and flowering lavender. Not to mention olive trees, vines, citrus trees and fig trees. Visitors will revel in the scents rising off the avenue of aromatic plants, the views from infinity bio-pool which looks out to the holm oaks on the horizon, and the colours of the lush arbours, private gardens and orchards. The sound of the water running through the drinking trough. The treatments using apricot kernels and aloe juice in the spa's ancient stone interiors. The flavours of the kitchen garden. Then they can give in to utter rest and relaxation in suites named *"lavanda"*, *"aloe"*, *"rosmarino"*, each celebrating a different plant, right down to their colours and furnishings. Here, a small-scale, muted version of the sensory feast continues, evoking the key elements of the day: relaxing herbal teas, chirping crickets and scented pillows ensure that guests enjoy deep, regenerating sleep. This enchanted place with its old world charm is where humanity and nature come together.

Un meraviglioso borgo contadino nelle campagne di Martano, progetto di Marinella e Domenico Scordari, una coppia di imprenditori impegnati da venticinque anni nella realizzazione di prodotti di bellezza naturali, ottenuti da coltivazioni biologiche di erbe aromatiche, aloe ed olio d'oliva. Un luogo voluto come il completamento di un percorso di ricerca e di sintonia con una natura autentica, gravida di ricchezze da rispettare e da valorizzare. Ma anche un luogo da cui partire per condividere con i propri ospiti un viaggio specialissimo che, nella durata di un soggiorno, offre l'occasione di ritornare ai cinque sensi, alla propria essenza, a sé. E allora cespugli di agavi, filari di aloe, piante grasse in vaso, rosmarini prostrati e lavande fiorite. E ancora ulivi, viti, agrumi, fichi. Lasciandosi estasiare dai profumi del viale delle aromatiche, dal panorama dell'infinity bio-pool allungata verso l'orizzonte dei lecci, dai colori delle pergole rigogliose, dei giardini privati e degli orti conclusi. Dal suono dell'acqua che scorre nell'abbeveratoio. Dai trattamenti ai noccioli di albicocca e al succo di aloe nelle vecchie pile di pietra della spa. Dai sapori dell'orto. Per poi abbandonarsi al riposo, in suites chiamate "lavanda", "aloe", "rosmarino"…, dedicate ciascuna alla celebrazione di una pianta anche nelle tinte e negli arredi. Dove, un piccolo, sussurrato, percorso dei sensi riparte, riportando agli elementi chiave della giornata e passa per tisane rilassanti, grilli canterini e guanciali odorosi, per consegnare infine l'ospite al più rigenerante dei sonni. Un luogo incantato dove, grazie al fascino d'altri tempi, l'uomo e natura si incontrano.

Via Traglia, s.n. - 73025 Martano (Lecce)
+39 349 8251363
www.naturalisbioresort.com
Open year-round / Apertura: tutto l'anno
X-factor: the bio SPA
Valore aggiunto: la bio SPA

A corner of the court and the waterhole. Right, the living room with the big fireplace.
Un angolo della corte e l'abbeveratoio. A destra, il soggiorno con il grande camino.

Previous pages, the entrance to the borgo and the relax area under the pergola.
Nelle pagine precedenti, l'entrata al borgo e la zona relax sotto la pergola.

The wonderful suites, called with the names of the plants like rosemary and lavander, and their private gardens (next pages).
Le splendide suite, chiamate con i nomi delle piante come rosmarino e lavanda, con i loro giardini privati (pagine seguenti).

The spa with the hammam, the indoor thermal pool, the massage room with the ancient "pila" for the scrub.
La spa con l'hammam, la vasca termale, la sala massaggi con l'antica "pila" per i trattamenti come lo scrub.

In the big picture, the bio-pool,
processed with sea-salt. Above, the
ancient olive tree in the big
court.
Nella foto grande, la bio-piscina
trattata naturalmente con sale ma-
rino. In alto, l'ulivo millenario
nella grande corte.

Masseria Prosperi

There is the seafront with its crowded beach resorts along the tortuous Adriatic coastal road near Otranto; and then there is the centuries-old *contrada* of Frassanito, set apart just inland, beyond the pine forest. It has a few houses, the Mediterranean scrub and this small farmstead, which until not long ago was a country primary school. A world that remained intact: the current owners wanted to preserve and emphasise that purity, that energy, and offer it to their guests.
One could say that the school is still there after all, at the end of the road, with blackboards and chalks and its classrooms turned into bedrooms. When the chilly nights draw in, the largest schoolroom still acts as a gathering place, with its open kitchen and the rough-hewn wooden table at which pupils used to sit and eat their morning snack.
All around is the same landscape and the same characters which must have been part of that simple, rural, very special rural context since time immemorial. Horses, goat kids, chickens in the yard. Except now, they are reflected in the surface of the beautiful covered swimming pool, which separates the stables from the living area. They seem to cross the water and the clouds, as light as shadows and as intangible as mirages. Yet they are real, living and breathing. Watching them from the first-floor windows is a wonderful sight, against the backdrop of the endless horizon and nature displaying her splendours like a floor-to-ceiling tapestry. All of this perfectly encapsulates a great lesson from the old school: simplicity is a luxury for the lucky few; a point of arrival.

Il lungomare delle spiagge, dei lidi affollati, della tortuosa costiera Adriatica di Otranto e l'antica contrada Frassanito, appena defilata sul lato terra, oltre la pineta, con le sue poche case, la macchia mediterranea e quella piccola masseria che fino a pochi anni fa era una scuola elementare di campagna. Un mondo intatto, di cui gli attuali proprietari hanno voluto salvare e rafforzare la verginità, l'energia. Per offrirla ai propri ospiti.
La scuola in fondo è sempre lì, dove termina la strada, con lavagne e gessetti e le aule trasformate in stanze, il grande che ancora fa da centro nelle frizzanti serate invernali, la cucina a vista con il tavolone di legno povero, che raccoglieva gli alunni per merenda all'intervallo.
E intorno ci sono lo stesso scenario e gli stessi protagonisti che devono aver fatto parte di quel contesto semplice, rurale, specialissimo, da sempre. I cavalli, le caprette, le galline sull'aia. Solo che adesso si leggono riflessi sullo specchio d'acqua della bellissima piscina coperta, diaframma tra il maneggio ed il living della masseria. E paiono attraversare l'acqua e le nuvole. Leggeri come ombre ed evanescenti come miraggi. Eppure vivi, veri, scalpitanti. Uno spettacolo vederli dalle ampie finestre delle camere del primo piano, dove l'orizzonte è lunghissimo e la natura fa mostra di sé come in tele appese da parete a parete. Sintesi e paradigma di una grande lezione della vecchia scuola: la semplicità è un lusso di pochi, un punto di arrivo.

Località Frassanito, 9 - 73028 Otranto (Lecce)
+39 333 1360671
www.masseriaprosperi.it
Open year-round / Apertura: tutto l'anno
X-factor: being in a special place between countryside and sea
Valore aggiunto: essere in un luogo speciale tra la campagna e il mare

TANTI AUGURI GIOVANNI!
NEGLI STESSI POSTI
SOPHIE È BELLISSIMA!
agosto → Compleanno
GRAZIE MERCEDES
CIAO!
Giovanni
GRAZIE ANTONIO
HA-HA
HA-HA
OGGI TUTTI
PER
chiamare
GIOVANNI
LUPO is here
CIAO NINA
APPENA VEDETE ASIA
DITELE
TANTI BACI NICK
VINCE SU TUTTO
UN CAMEO
STYLE
NON SI PUÒ SCRIVERE SULLA LAVAGNA.

In the big picture, the store with
an old painting inside.
Nella foto grande, la dispensa su
cui è stato appeso un dipinto antico.

Details of the dining corner and
of the living-room with a view on
the indoor pool.
Dettagli dell'angolo pranzo e del
soggiorno con vista sulla piscina
coperta.

Previous pages, the blackboard of
the old school.
Nelle pagine precedenti, la lavagna della vecchia scuola.

Next pages, the big indoor pool
between the living-room and the
riding stables.
Nelle pagine seguenti, la grande
piscina coperta tra il soggiorno
ed il maneggio.

The bedroom and bathroom's details. Right, one bedroom with a "luminaria" as headboard.
Dettagli di una camera da letto e del bagno. A destra, una camera da letto con luminaria per testata.

Next pages, an outdoor relaxing patio with a view on the pool.
Nelle pagine seguenti, un rilassante patio esterno con vista sulla piscina.

The outdoor kitchen and some corners of the garden.
La cucina esterna e alcuni angoli del giardino.

Left, an outdoor dining-zone.
A sinistra, una zona-pranzo esterna.

Above, the riding stables, between the outdoor and indoor pool. Right, the outdoor swimming-pool.
In alto, il maneggio tra la piscina coperta e quella scoperta.
A destra, la piscina scoperta.

Relais Corte Palmieri

A charming old palazzo situated in the maze of streets of old Gallipoli, in its innermost part — the most private, secret part of the town. Meticulous, elegant renovation work was carried out to carefully balance its various parts: the stunningly beautiful spaces and more hidden corners, the furnishings which hark back to the past, along with more modern features to aid guests' relaxation and comfort.

It is spread across several floors, with different atmospheres and characters. There's a sequence of sea views, private sun terraces, rooms embellished with beautifully designed traditional floor tiles and the palazzo's original painted doors; bedrooms are quiet and cosy while breakfast is served beneath reed awnings intertwined with bougainvillea. It offers a crescendo of surprises, emotions and enchantment. Right up to the highest terrace, with its breathtaking view of old Gallipoli, with the port, the boats, the sea… and suddenly the realization that for once, we find ourselves in a spot that offers a different view, an overturned perspective, the world on its head. Corte Palmieri sits at the centre of the island and it feels like being on a vast floating raft, with the salt air, the wind, the bridge which seems to reluctantly cling to the Salento peninsula… and everything else… everything else is far away at last.

Un affascinante palazzo antico nel dedalo del centro storico di Gallipoli, nella parte più interna, più ritirata, più segreta. Un recupero meticoloso, elegante, attento a mettere in equilibrio le varie parti della struttura, gli spazi di bellezza sfolgorante e gli angoli più nascosti, i pezzi che si fanno memoria del passato e le moderne scelte di comfort per tutelare il relax degli ospiti.

Un luogo articolato su più piani, più atmosfere e più suggestioni. In un alternarsi di affacci sul mare, solaria privati, ambienti impreziositi dai bellissimi disegni delle cementine antiche e dai colori delle porte originali del palazzo, camere da letto ovattate, tavolini per la colazione sotto cannicciati intrecciati di bouganville fiorita. In un crescendo di sorprese, di emozioni, di incanto.

Fino alla terrazza più alta, allo spettacolo mozzafiato di Gallipoli vecchia, il porto, le barche, il mare… e all'improvviso la consapevolezza di aver conquistato una postazione che offre per una volta un panorama spostato centottanta gradi più in là, una prospettiva ribaltata, un mondo capovolto. Corte Palmieri è al centro dell'isola, come in mezzo ad un'enorme zattera galleggiante sull'acqua, il profumo di sale, il vento, il ponte che aggancia quasi restio la penisola salentina… e tutto il resto… tutto il resto è finalmente lontano.

Corte Palmieri, 3 — 73014 Gallipoli (Lecce)
+39 0833 265318
www.relaiscortepalmieri.it
Open year-round / Apertura: tutto l'anno
X-factor: the location in the old city
Valore aggiunto: la posizione nella città antica

Gallipoli

Some corners of the palace: the wonderful bouganville, one of the indoor courts, the entrance to the rooms.
Alcuni angoli del palazzo: la bellissima bouganville, una delle corti interne, l'accesso alle camere.

Left, the reception.
A sinistra, la reception.

Previous pages, the entrance to the palace.
Nelle pagine precedenti, l'entrata del palazzo.

The entrance to a suite in the terrace and one bedroom.
L'entrata in una suite in terrazza ed una camera da letto.

Right, a solarium.
A destra, un solarium.

Previous pages the outdoor breakfast-zone on the terrace.
Nelle pagine precedenti la zona colazione in terrazza.

In the big picture the terrace at the sea and other secret corners inside the palace.
Nella foto grande, la terrazza sul mare ed altri angoli segreti all'interno del palazzo.

Previous pages, another bedroom in the oldest part of the building.
Nelle pagine precedenti, un'altra camera da letto nella parte più antica della struttura.

Don Totu

A secret palazzo in the heart of inland Salento, concealed behind a simple, austere façade on a quiet square in San Cassiano. A revelation, an exciting surprise, a discovery. An experience which deliberately recreates the sheer thrill felt the first time by the current owners, a Milanese couple who went on to turn their discovery into a major project. They had a dual purpose: to evoke the sumptuous atmospheres of the era of "Don Totu", while bringing the palazzo up to date, to reflect with a new, modern concept of luxury. The result is an ideal balance of discernment, choices, carefully dosed elements. The rooms and suites with their large, shabby-chic four-posters; the reading rooms where visitors can plan trips around the Salento thanks to a well-stocked library; the antique cement tiled flooring, showcased like precious rugs; and the narrow iron and glass walkways connecting the various terraces where cocktails are served at dusk. Not to mention a large pool, an intimate citrus garden, herbaceous borders and a portico where breakfast is served, the underground Turkish bath and a winter garden overlooking the courtyard. But most importantly, an exquisite sense of tranquillity. That feeling of a home away from home. A place where one can decide to take some time out, and really feel at peace. A place that is utterly captivating.

Un palazzo segreto nell'entroterra salentino, celato oltre una facciata semplice ed austera nella silenziosa piazzetta di San Cassiano. Una rivelazione, una sorpresa entusiasmante, una scoperta. Un percorso che volutamente ricalca le emozioni provate la prima volta dalla coppia degli attuali proprietari milanesi che poi hanno fatto di questa struttura un progetto importante. Tra il desiderio di evocare le sfarzose atmosfere dei tempi di "Don Totu" e la volontà di svecchiarle per farle convivere con un lusso nuovo e moderno. Risultato, un equilibrio aureo di gusto, di scelte, di misure tra le parti. Le camere padronali dai grandi baldacchini shabby e le sale di lettura dove pianificare i vari itinerari del Salento con i tanti libri della biblioteca, le parate di cementine antiche valorizzate come tappeti preziosi e le passerelle aeree che collegano in ferro e cristallo le diverse terrazze dove si serve l'aperitivo al tramonto, la grande piscina e l'agrumeto raccolto, il viale delle aromatiche ed il portico delle colazioni, l'hammam nella grotta e il giardino d'inverno che guarda nella corte. E, soprattutto, una gran pace. La sensazione "di sentirsi a casa lontano da casa". Un luogo dove decidere di regalarsi del tempo, dove trovarsi a proprio agio con se stessi, da cui lasciarsi stregare.

Via Crocefisso, 10 — 73020 San Cassiano (Lecce)
+39 0836 992374; +39 388 7905888
www.dontotu.it
Open year-round / Apertura: tutto l'anno
X-factor: being at home away from home
Valore aggiunto: sentirsi a casa lontano da casa

Some relax cor-
ners and the
breakfast room.
Left, the recep-
tion.
Alcuni angoli
relax e la sala
colazione. A si-
nistra, la re-
ception.

Previous pages,
the entrance to
the palace.
Nelle pagine
precedenti,
l'ingresso del
palazzo.

Some corners of the beautiful garden and the hammam.
Left, the exterior dining room.
Alcuni angoli dello splendido giardino e l'hammam.
A sinistra, il pranzo esterno.

Previous pages, the living room and the big window on the garden.
Nelle pagine precedenti, il soggiorno e la grande vetrata sul giardino.

In the big picture, a corner of the garden.
Above, the pool and the citrus grove.
Nella foto grande, un angolo del giardino.
In alto, la piscina e l'agrumeto.

Previous pages, the bedroom and the bathroom
of a wonderful suite.
The rich library where guests can discover
art, history, tours and flavors of Puglia.
Nella pagine precedenti, la camera da letto
ed il bagno di una magnifica suite.
La ricca biblioteca dove gli ospiti possono
scoprire l'arte, la storia, gli itinerari ed
i sapori di Puglia.

Locanda Fiore di Zagara

This courtyard building is in the sunny town of Diso, a quiet, sleepy place with low-rise houses and ornate doorways. The name "locanda" means "inn", and it immediately gives a sense of the vocation and layout of this guesthouse: rooms leading into each other, secret gardens, enclosed vegetable patches, small passageways which go through to other, secret, alcoves. As soon as one steps through the austere front door, the temptation to give in to a little peace and quiet is immediate. This is followed by an instinct to explore its labyrinth of different spaces, moving past windows overlooking gardens below, pergolas, and raised floors. Paths cross in a maze-like game, admiring and delving into every aspect, every new backdrop, every horizon. Meanwhile, turn-of-the-century ceilings offer a spectacle of decorative frescoes which entice and soothe the eyes. In the delightful period suites, light is muted by the warmly coloured walls and bounces off the kaleidoscopic geometric floor tiles, before night falls. It is a visual feast which transports the visitor to a different world, leaving everything else outside. And just when everything is behind us and seems to follow its own remote flow, one reaches the final courtyard, the end point of the telescope which has been leading us here right from the start. In an instant, the gaze sweeps across the swimming pool, looks through the citrus grove and gradually arranges all the parts in perspective, lining them up with the main entrance. Each piece fits into place. The sky, the water, the silence. Everything becomes clear now. And, in the heady rush of orange blossom scent, all that remains is to find one's own spot and surrender to the idleness of rest.

Un palazzetto a corte nell'assolato paese di Diso, fatto di case basse e di meravigliosi portali, che sa di quiete e di siesta. Il nome "locanda" ne svela subito la vocazione: stanze nelle stanze, giardini segreti, orti conclusi, piccoli passaggi che agganciano nuove, segrete, alcove. Qui la tentazione di abbandonarsi ad un po' di pace è immediata. Appena varcato l'austero portone d'ingresso che nulla svelava alla strada. Come l'istinto di attraversarne subito l'intrigo di ambienti, passando per affacci su giardini sottoposti, pergolati, piani rialzati, incrociando i percorsi, giocando al labirinto, ammirando ogni affondo, ogni nuova quinta, ogni orizzonte. Mentre antichi soffitti primi Novecento parano uno spettacolo di affreschi decorativi che al tempo stesso calamitano e rasserenano gli occhi. E deliziose suites antiche, dove la luce si ammorbidisce sulle pareti dai colori caldi e si rifrange nelle caleidoscopiche cementine dei pavimenti geometrici, aspettano la notte. Un'ubriacatura estetica che porta subito via, estranea dal mondo, lascia tutto fuori. E proprio quando tutto è alle spalle e ogni cosa sembra seguire il proprio flusso lontano, si approda nell'ultima corte, il punto di arrivo del cannocchiale che ci ha allungato qui fin dall'inizio del percorso. In un attimo lo sguardo passa attraverso l'acqua della piscina, taglia l'agrumeto e via via sistema tutte le parti in prospettiva mettendosi in asse con il portale d'ingresso. Ogni pezzo va al suo posto. Il cielo, l'acqua, il silenzio. Tutto è chiaro adesso. E sotto l'attacco di un inebriante profumo di zagara, non rimane che trovare il proprio angolo e lasciarsi andare agli ozi del riposo.

Via Pietrantonio Stasi, 9 - 73030 Diso (Lecce)
+39 0836 920584
www.locandafioredizagara.it
Open year-round / Apertura: tutto l'anno
X-factor: the beach at Marina di Marittima
Valore aggiunto: la spiaggia a Marina di Marittima

Here and previous pages, the entrance to "Fiore di Zagara".
Qui e nelle pagine precedenti, l'ingresso a "Fiore di Zagara"

Right, one corner of a secret garden closed to the bedrooms.
A destra, un angolo di un giardino segreto vicino alle camere da letto.

A corner of the living-room, the dining room, the reception with the "luminarie" on the fireplace.
Un angolo del soggiorno, la sala da pranzo, la reception con le luminarie sul camino.

Left, one sitting-room with the ancient frescos on the ceilings.
A sinistra, uno dei saloni con gli antichi affreschi sui soffitti.

Next pages, the bedrooms, the citrus grove with the pool, the private access to the sea in Marina di Marittima, very closed to Diso.
Nelle pagine seguenti, le camere da letto, l'agrumeto con la piscina, l'accesso privato al mare, a Marina di Marittima, vicino a Diso.

www.congedoeditore.it
© Congedo Publishing novembre 2014 – Galatina (Le) – Milano – Italy
ISBN 9788896483213

Printed by www.publish.st

Photos Congedo Editore Archive ©

Photo p. 43 by Roberto Lepore is kindly offered by Don Ferrante Archive ©

Photos pp. 79-89 by Walter Leonardi from Congedo Editore Archive ©

Translations by: Studio Traduzioni Vecchia